GUIDE DU CITOYEN

AUX PRISES

AVEC LA POLICE ET LA JUSTICE

Dans les Arrestations, les Visites domiciliaires, la Détention provisoire, le Secret,

ET DEVANT LE

JUGE D'INSTRUCTION ET LE TRIBUNAL,

Après l'ACQUITTEMENT ou la CONDAMNATION;

Par M. CABET,

Procureur-Général, ex-Député.

— — —

TROISIÈME ÉDITION.

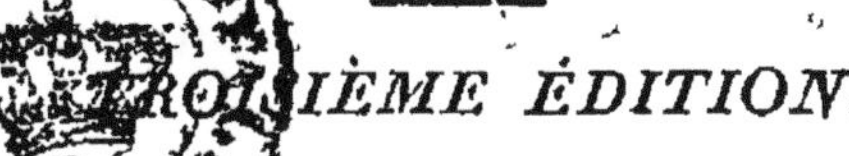

Prix : 30 cent.

PARIS.

Au Bureau du *Populaire*, rue J.-J. Rousseau, 14,
et chez tous les Correspondants du *Populaire*.

— —

1re Édition, juin 1842. — 3me, septembre 1846.

1846

Sommaire.

GUIDE DU CITOYEN

AUX PRISES

AVEC LA POLICE ET LA JUSTICE.

OBSERVATIONS PRÉLIMINAIRES.

Jamais peut-être les abus et les excès dans les visites domiciliaires, dans les saisies, dans les arrestations, dans la détention préventive et le secret, au préjudice de la classe ouvrière, ne furent plus communs que depuis quelques années ; jamais non plus la Presse ne fut moins secourable aux victimes de l'arbitraire ; jamais, par conséquent, un *Guide* ne fut plus nécessaire au citoyen aux prises avec la Police et la Justice.

Depuis long-temps nous avons annoncé cet ouvrage, et depuis long-temps nous désirions le terminer ; mais

on ne compose pas un écrit de cette nature comme on
donne un coup de bêche ou de marteau : il faut de la
tranquillité d'esprit, de la satisfaction de cœur, en un
mot, de l'inspiration ; et depuis quelques mois surtout
(juin 1842) nous sommes si affligé, si contrarié, si
préoccupé des divisions, de l'anarchie morale, et des
fautes qui compromettent la cause populaire et rendent presque inutiles les dévoûments éclairés et sin-
cères, que nous ne nous sentions pas les dispositions
nécessaires pour traiter convenablement un sujet si
important, qui exige tant de liberté de tête et tant de
méditation et de prudence. Cependant, le dégoût et le
découragement que produit la conduite de quelques-
uns ne peuvent être que momentanés, parce que la
cause du Peuple et de l'Humanité reste toujours la
même, toujours opprimée, toujours réclamant les efforts des cœurs généreux, toujours digne d'inspirer
amour et dévoûment : nous sommes même toujours
ramené à cette idée de haute philosophie, que c'est
précisément parce que de grands vices et de grandes
fautes politiques compromettent le salut des masses
qu'il est nécessaire de se dévouer à les sauver ; plus
les fous et les perfides mettent en péril, plus les cœurs
dévoués doivent redoubler d'ardeur et d'activité pour
conjurer les dangers. Et d'ailleurs, si la vanité et l'am-

bition, l'aveuglement et la folie, la méchanceté et les coupables excès d'un très-petit nombre, sont capables d'exciter du dégoût, la sagesse et l'honnêteté du grand nombre, son zèle à s'instruire et son ardeur à suivre tout ce qui est raisonnable et juste, moral et prudent, sont bien capables aussi d'inspirer de l'espérance et du courage ; et quand nous voyons tant d'ouvriers apprécier nos efforts, faire tant de sacrifices pour nous aider à rendre *hebdomadaire* la publication du *Populaire*, leur admirable dévoûment ranime le nôtre et nous détermine plus que jamais à nous consacrer à leur défense.

Nous devons le déclarer néanmoins, ce n'est pas pour ceux qui s'obstineraient dans les voies de la violence que nous écrivons, mais pour ceux qui sont résolus à nous suivre dans la route de la *légalité* et du *courage civil*, route tracée par notre *Ligne droite* et par tous nos écrits.—Plus que jamais nous désapprouvons et repoussons tout ce qui n'est pas discussion et propagande, c'est-à-dire la Société secrète, la fabrication ou possession d'armes prohibées et de munitions, l'émeute et l'attentat. Chacun son opinion et sa conviction ! S'il en est qui pensent que la violence peut remédier, soulager, délivrer, nous, nous sommes profondément convaincu qu'elle ne peut qu'aggraver le mal, retarder et même empêcher la délivrance, consolider l'oppression et perpétuer la souffrance. Vous, vous croyez que les Sociétés secrètes, etc., peuvent avancer...; nous, nous croyons qu'elles ne peuvent que retarder ! Vous, vous croyez qu'elles sont utiles, nécessaires, salutaires... ; nous, nous les croyons inutiles, dangereuses, funestes ! Quels moyens de pauvres ouvriers peuvent-ils avoir à leur disposition? Ont-ils de l'argent, du temps, des salons ?... Est-ce avec quelques hommes et quelques armes qu'on peut révolutionner un pays comme la France, renverser un Gouvernement si puissant? Et les qualités nécessaires, la discrétion, la prudence, la connaissance des hommes, la patience, la subordination, l'absence de toute vanité et de toute ambition, où sont-elles? L'exaltation et l'impatience n'exposent-elles pas à appeler, précipitamment et presque sans examen, les hommes les plus énergiques et les plus violents, des hommes sans conviction et sans principes, qui ne sont que révolutionnaires ? Les procès récents ne fournissent-ils pas assez de leçons? Ne montrent-ils pas assez combien d'ivrognes, combien d'hommes immoraux ou crédules, excessivement confiants, faciles à tromper, ou bavards et fanfarons, téméraires et fous, renferment les Sociétés secrètes, et combien il est facile de répandre dans leur sein les mensonges et les erreurs? Et les chefs! qui les connaît? comment sont-ils choisis? qui sont-ils? quelles sont leurs capacités pour bien diriger? quelle est leur influence pour empêcher que la *tête* ne soit poussée par la *queue?* quels sont leurs titres à la confiance au dedans et au dehors? Est-il un seul homme de quelque valeur qu'on puisse raisonnablement supposer aujourd'hui dans les Sociétés secrètes? Est-il un seul des meneurs réels qui, en faisant connaître son nom, un jour d'agitation, serait capable d'inspirer quelque confiance à la population, aux Démocrates influents, à la Garde nationale, à l'armée? Et la Police! Pour peu qu'elle ait d'adresse, avec tant d'or qu'elle a pour corrompre, et tant de corruptibles que lui présente la misère générale, n'est-elle pas absolument maîtresse de s'introduire dans les Sociétés secrètes, de tout entendre, de tout savoir par les seules indiscrétions, d'acheter des traîtres, d'organiser comme il lui convient, de diriger, de retenir ou de pousser?... Oui, il est presque impossible que les Sociétés secrètes ne soient pas entre les mains de la Police! Elle les tient comme dans une cage! C'est un instrument qu'elle manie comme elle veut, toujours dans son intérêt, toujours contre l'intérêt du Peuple. C'est une arme qui

n'est salutaire que pour elle, et qui n'est funeste que
pour la liberté ! Elle crie contre elles et feint de les
poursuivre ; mais elle les aime tant et en tire tant d'u-
tilité qu'elle doit les créer quand elles n'existent pas,
et faire tous ses efforts pour les maintenir quand elles
veulent se dissoudre.

Voyez, en effet, les fruits des Sociétés secrètes ! —
1° Tous les membres qu'elles enlacent se trouvent pa-
ralysés pour l'instruction et pour la propagande des
principes, absorbés qu'ils sont par d'autres idées. —
2° Sans cesse préoccupés par la conscience des dangers qu'ils courent et par la crainte d'être trahis ou dé-
couverts, arrêtés, convaincus, punis, ruinés et perdus,
ils deviennent nécessairement timides (on dirait même
lâches), dissimulés, menteurs, toujours prêts à fuir
devant la Police, réduits à *filer doux*, comme on dit,
forcés d'endurer toutes sortes d'humiliations et d'outrages, tandis que cette ignoble attitude à laquelle
sont obligés de se condamner les plus fiers courages
augmente l'audace, l'insolence et la violence de leurs
ennemis. — 3° Les imprudences, les indiscrétions, les
trahisons, font découvrir presque tout ou du moins
plus qu'il n'en faut : que de visites domiciliaires, que
de saisies d'armes, de munitions, de brochures et de

papiers ! que d'individus arrêtés, emprisonnés, condamnés ! que de familles ruinées ! — 4° La Police a
toute facilité pour répandre l'opinion d'une vaste cons-
piration permanente qui menacerait de tout bouleverser ; elle a toute facilité pour inquiéter, effrayer, irriter
la Bourgeoisie et les boutiquiers, la Garde nationale et
l'armée, les Jurés et les Juges, les Électeurs, les Députés et les Pairs ; et dans cette habitude d'effroi et
d'irritation, toutes ces classes se trouvent disposées à
se montrer impitoyables et à tolérer tous les actes arbitraires, tous les excès et toutes les violences de la
Police ; et la Presse, partageant cette irritation, crai-
gnant de se compromettre, se sépare complètement du
Peuple, refuse son appui, et reste muette quand elle
n'est pas hostile. — 5° Les Sociétés secrètes, etc., four-
nissent un prétexte à la Police pour insulter, calom-
nier, persécuter tout le Parti démocrate ou populaire,
pour attaquer toutes les associations et toutes les réunions, pour faire des fouilles et des saisies chez tous
les démocrates, chez tous les ouvriers. — 6° Quelle
déconsidération ne jettent pas sur la cause entière tant
de fautes et de vices mis à découvert par les procès, tant
de folies ou de turpitudes révélées par les débats, tant
de bassesse et d'ignominie de la part des *Fieschi*, des
Borel, des *Dufour*, des *Quenisset* !... — 7° L'existence

des Sociétés secrètes, dont la force, toujours inconnue, est presque toujours exagérée et décuplée par des mensonges, excite une telle audace qu'une seule petite Section et même un seul individu, toujours les plus fous, sont toujours tentés de commencer seuls dans l'espoir de tout entraîner ; et l'on voit un *Dufour*, un *Quenisset*, disposer ainsi de toute une Société, de tout un Parti !... — 8° Enfin, la Police est presque toujours maîtresse de précipiter ou d'arrêter. — Et c'est ainsi que, depuis long-temps, les Sociétés secrètes font la faiblesse du Peuple et la force du Pouvoir !

Les partisans de la violence diront-ils qu'ils sont libres de manifester leur opinion et d'y conformer leur conduite : Nous répondrons que nous avons la même liberté de manifester notre conviction et d'agir en conséquence. — Eh bien ! ceux qui, sans expérience, sans notoriété, sans influence, sans titre à la confiance générale, sans autre inspiration que leurs souffrances et leur colère, pourraient prendre sur eux de pousser à la violence, nous pourrions les maudire ; car ils nous compromettraient tous, nous personnellement comme tous les autres, et la cause de l'Humanité comme celle du Peuple, à notre insu, sans notre consentement, malgré nous : et chacun de nous aurait bien le droit de les en accuser ; cependant, nous nous bornerions à les plaindre, parce qu'ils seraient les premières victimes de leur folie et de cette fatale organisation sociale qui les aveuglerait en les désespérant ; mais s'ils voulaient s'opiniâtrer à se perdre, nous ne pourrions les en empêcher ; et si, après de téméraires et de folles entreprises, ils se résignaient à l'humiliation et à la honte de mentir pour essayer de se sauver, nous ne pourrions nous résigner nous-même à torturer notre conscience pour essayer de les défendre en mentant, comme nous ne pouvons leur donner ici aucun conseil ; nous ne pouvons leur donner que cet avertissement, dicté par l'expérience : quand on est coupable, on doit toujours se résigner à la condamnation, parce qu'il est rare que l'esprit, la mémoire, la plus habile défense et même les plus adroits mensonges, puissent sauver un coupable, tandis qu'un innocent doit se défendre avec assurance, parce qu'il est difficile de condamner un innocent, pour peu qu'il soit bien défendu.

Ce n'est donc pas pour ceux qui s'obstineraient à former des Sociétés secrètes, à fabriquer ou à conserver des armes ou des munitions, que nous écrivons ; car à ceux-là, nous n'avons plus rien à dire : ce n'est que pour les autres que nous allons écrire ; c'est à ceux-ci

seuls que nous offrons nos conseils et nos avertisse-
ments.

Et, avant d'entrer dans le détail des circonstances,
des faits, des positions diverses, nous dirons généralement : — Soumettez-vous à la loi, quelque dure qu'elle
puisse être, tant que la Nation la tolère ; mais ne souffrez jamais, sans protestation ni réclamation, que le
Pouvoir et ses agents la violent envers vous ! — Fuyez
tous ceux qui peuvent vous compromettre, les ivrognes,
les débauchés, les immoraux, les paresseux, les dé-
pensiers, les fanfarons, les bavards, les vaniteux, les
téméraires, les violents, ceux qui crient et menacent
comme s'ils étaient sûrs de l'impunité, ceux qui sont
trop jeunes ou trop étrangers aux affaires pour avoir
de l'expérience, ou pour avoir subi des épreuves, ou
pour donner des garanties de leur constance, ceux qui
ne peuvent justifier d'aucun moyen légitime d'existence, ceux qui ont quelque liaison suspecte, enfin,
tous ceux qui n'ont pas des titres manifestes à la confiance ! — Défiez-vous aussi des provocations de ceux
que leur misère expose à prendre conseil de leur impatience et de leur désespoir plus que de la raison et
de la prudence ! — Défiez-vous surtout de ces égoïs-
tes qui n'écriraient pas un mot pour vous et ne pense-

raient pas même à vous si la Prusse ou l'Amérique agréait leurs offres de services, et qui disent n'agir que pour vous, tandis qu'ils n'agissent évidemment que dans leur intérêt personnel!

Examinons maintenant les diverses situations dans lesquelles un Citoyen peut se trouver aux prises avec la Police ou la Justice.

SOCIÉTÉS SECRÈTES.

Nous le répétons, fuyez les *Sociétés secrètes*, ces Sociétés qui ont un but d'hostilité et de violence, dans lesquelles on exige des conditions et un serment pour l'admission, ces Sociétés formelles et permanentes qui n'oseraient pas avouer et publier leur but; et fuyez-les réellement, sincèrement, sans arrière-pensée, sans chercher à les déguiser sous la forme et le nom d'autres Sociétés; car si vous vouliez ruser et former une véritable Société secrète sous le masque d'une Société licite, la Police, qui n'est pas moins rusée que vous, vous devinerait et vous poursuivrait devant la Justice, qui, pour peu qu'il y eût d'apparence, vous condamnerait, surtout tant qu'elle aura la conviction qu'il existe des Sociétés secrètes.

Quand, par exemple, un membre d'un Comité pour

la Réforme écrit à un ami que l'organisation pour la Réforme a pour but de masquer une organisation pour un plus grand évènement, quoique ce ne soit là qu'une interprétation individuelle, ce membre ne s'expose-t-il pas à ce que la Police trouve chez lui le brouillon de sa lettre et à ce que la Justice y voie la preuve d'une Société secrète masquée sous le nom de Comité pour la Réforme ?

De même, quand les fondateurs-directeurs-rédacteurs de *l'Humanitaire* se réunissent, un jour d'émeute, dans un cabaret signalé, ne s'exposent-ils pas à être arrêtés et soumis à des visites domiciliaires ? Et, quand le Gérant laisse chez lui un long *Rapport* dans lequel il raconte que le Journal a pour but de masquer une organisation pour agir, est-il bien étonnant que la Police trouve ce Rapport et que la Justice y voie la preuve d'une Société secrète ?

Encore une fois, le seul moyen de n'être pas condamné pour Société secrète, ce n'est pas seulement de n'en pas constater l'existence dans des lettres ou dans des espèces de procès-verbaux (faute si grossière qu'il serait facile d'éviter), c'est de n'avoir aucune Société secrète, même indirecte ou masquée.

SOCIÉTÉS INDUSTRIELLES ET COMMERCIALES.

Mais les Sociétés vraiment *commerciales* ou *industrielles* ne sont nullement ce qu'on appelle des *Sociétés secrètes* et ne sont point prohibées par la loi, quel que soit le nombre des associés. — Néanmoins, il ne serait pas prudent de former une pareille Société extrêmement nombreuse, parce que, quand il existe des Sociétés secrètes (et c'est un de leurs inconvénients), le Pouvoir est tellement ombrageux qu'il en voit partout ; et les Juges pourraient, quoique abusivement, la dissoudre.

RÉUNIONS PASSAGÈRES.

Mais la loi ne prohibe que les *Associations* formelles et non les simples *Réunions*.

La Constitution de 1791 (titre Ier) garantissait aux citoyens, comme droit naturel et civil, la liberté de *s'assembler* paisiblement et sans armes, en satisfaisant aux lois de police (en avertissant dans certains cas). — Alors s'organisèrent, dans tous les partis et dans toute la France, de nombreuses et vastes Associations, ou Sociétés, ou Clubs, ou Assemblées, qui se réunissaient et discutaient les questions politiques. Mais, après la défaite du parti populaire, les Associations ou Sociétés furent interdites ou entravées par la Constitution de l'an III (1795), dont l'art. 362 portait :

« Aucune *Société particulière*, s'occupant de questions politiques, ne peut correspondre avec une autre, ni s'affilier à elle, ni tenir des séances publiques composées de sociétaires et d'assistants distingués les uns des autres, ni imposer des conditions d'admission et d'éligibilité, ni s'arroger des droits d'exclusion, ni faire porter à ses membres aucun signe extérieur de leur *association*. »

Puis, dans son Code pénal de 1810, Napoléon restreignit encore le droit d'Association par l'art. 291, ainsi conçu :

« Nulle *Association* de plus de vingt personnes, dont *le but* sera de *se réunir tous les jours* ou à *certains jours marqués*, pour s'occuper d'objets religieux, littéraires, politiques ou autres, ne pourra *se former* qu'avec l'agrément du Gouvernement et sous les conditions qu'il plaira à l'Autorité publique d'imposer à la *Société*. »

L'art. 292 prononce seulement la dissolution contre les simples *membres* de l'Association, et ne punit que les *Chefs*, *Directeurs*, *Administrateurs*, contre lesquels il ne prononce qu'une simple *amende* de 16 fr. à 200 fr.

Mais la loi du 10 avril 1834 restreint bien plus encore le droit d'Association, car elle porte, art. 1er :

« Les dispositions de l'art. 291 sont applicables aux Associations de *plus de vingt personnes*, alors même que ces Associations seraient partagées en *sections* d'un nombre moindre, et qu'elles ne se réuniraient pas tous les jours ou à des jours marqués. »

L'art. 2 prononce, contre tous les membres, la peine de deux mois à un an de prison, et de 50 à 1,000 fr. d'amende. — Et l'art. 5 ajoute :

« Seront considérés comme complices et punis comme tels ceux qui auront *prêté* ou *loué* sciemment leur maison ou leur appartement pour une ou plusieurs *réunions* d'une *Association* non autorisée. »

Remarquons maintenant que la liberté d'*Association* et de *Réunion* est un *droit naturel et civil* proclamé par toutes les Constitutions populaires ; que les lois ci-dessus sont des lois *exceptionnelles* et *restrictives* de cette liberté d'Association ; que ces lois restrictives doivent être restreintes au cas qu'elles prévoient expressément et spécialement, sans pouvoir être étendues à des cas non prévus par elles ; et que, d'ailleurs, elles distinguent bien la simple *Réunion* de l'*Association*.

La discussion de cette loi, dans les deux Chambres,

démontre d'ailleurs que le législateur n'a voulu gêner que les *Associations* et non les simples *Réunions*.

De ce qui précède, il résulte manifestement et incontestablement : 1° que la loi ne prohibe que les Associations de *plus de vingt personnes*, et non les Associations de vingt personnes seulement et au-dessous, quand celles-ci ne sont pas des *sections* d'une Association plus nombreuse ; 2° que la loi ne prohibe que les *Associations* formelles , ayant une organisation permanente, et non les simples *Réunions* passagères, sans organisation régulière et fixe.

Ainsi, des *Réunions* momentanées, sans membres déterminés, sans aucun engagement fixe , sans aucun règlement, pour se voir, pour fraterniser, pour s'instruire réciproquement, pour causer et discuter, pour faire des lectures en commun, ne constituent pas des *Sociétés secrètes* et ne sont pas prohibées par la loi, soit que ces Réunions aient lieu chez un citoyen invitant et recevant les autres, soit qu'elles aient lieu dans un local ouvert à tout le monde.

C'est ainsi que la Bourgeoisie, l'Aristocratie, les fonctionnaires publics, font journellement des invitations, des réceptions, des réunions, et donnent des dîners, des soirées, des concerts, des bals, etc., etc.

Les Démocrates, les Réformistes, les Communistes, pourraient donc (ils en ont le droit) se réunir, soit les uns chez les autres, soit dans des lieux publics, pour causer, lire, discuter.

Mais nous croyons qu'il est plus prudent 1° de se réunir chez un ami, chez un homme marié; 2° de ne se réunir qu'en très-petit nombre; 3° de réunir des hommes avec leurs femmes, et des hommes de tous âges, parmi lesquels s'en trouveraient quelques-uns au dessus de tout soupçon. — Il est toujours bien entendu que ces Réunions passagères n'auront jamais d'autre but que de causer, de discuter, de s'éclairer, de faire de la propagande pour les principes et la doctrine. — Et même, nous dirons franchement que, suivant nous, il ne faut employer ces Réunions qu'avec une grande circonspection, et que le plus sûr moyen de faire de la propagande, c'est d'indiquer les ouvrages publiés en invitant à les lire, sauf à donner ensuite les explications nécessaires dans des conversations individuelles. Il est bien fâcheux sans doute qu'il faille redouter des Réunions pour fraterniser et s'instruire; mais puisque le Pouvoir est si ombrageux, puisqu'on a l'exemple de tant d'actes arbitraires et vexatoires, la prudence ne conseille-t-elle pas d'éviter tous les inconvénients qu'il n'est pas indispensable d'affronter? Les Réunions seront moins dangereuses quand les Sociétés secrètes auront entièrement cessé, ou quand les doctrines auront un plus grand nombre de partisans.

Cependant, supposons une Réunion chez un citoyen, et la Police s'y présentant. Le citoyen et les assistants doivent n'avoir aucun effroi, parler avec modération et politesse, mais avec fermeté, en exigeant la parfaite observation des lois.

La Police. — Au nom de la loi, ouvrez !

Le Citoyen. — (Aux assistants.) Soyez tranquilles, n'ayez pas peur ; laissez-moi parler !... (Puis, s'avançant vers l'étranger.) Qui êtes-vous?

La Police. — Le Commissaire de police.

Le Cit. — La preuve? (Le Commissaire doit avoir son costume, son écharpe : autrement le citoyen pourrait le prendre pour un malfaiteur violant son domicile, et lui refuser sa porte.)

Le Commissaire. — La voilà.

Le Cit. — Que voulez-vous?

Le Com. — Constater une *Société secrète.*

Le Cit. — Votre mandat?

Le Com. — Le voilà.

Le Cit. — Lisez, ou donnez-moi à lire.

Le Com. — Vous êtes en Société secrète?

Le Cit. — Non, pas du tout.

Le Com. — Cette Réunion prouve une Société secrète!...

Le Cit. — Cette Réunion prouve une Réunion, et
nullement une Société secrète. J'ai le droit de réunir
chez moi mes amis et leurs amis...; d'ailleurs, vous n'ê-
tes pas juge, et ce n'est pas à vous à décider la question.

Le Com. — On sait bien que vous êtes *Communiste*...

Le Cit. — Je pourrais vous en demander la preuve;
mais je l'avoue : je m'en fais honneur... Est-ce que
c'est un crime d'aimer la Communauté et d'être Communiste? Est-ce qu'il y a une loi qui défend d'avoir foi
en la Communauté et d'être Communiste?

Le Com. — Non; mais cela prouve...

Le Cit. — Cela prouve que je suis Communiste.

Le Com. — Communiste, Communiste...

Le Cit. — Mais vous ne savez donc pas que Jésus-
Christ était Communiste et fondateur du Communisme;
que la Communauté, c'est la justice, la morale la plus
pure, la fraternité, l'union...

Le Com. — Mais les Sociétés secrètes...

Le Cit. — En conscience, est-ce qu'il est impossible

d'être Communiste sans être membre d'une Société secrète? Mais vous ne savez donc pas que la masse des Communistes repoussent les Sociétés secrètes? Nous suivons la *Ligne droite,* qui démontre que les Sociétés secrètes nous seraient funestes... Pas si bêtes d'entrer dans des Sociétés secrètes !

Le Com. — Je vais dresser *procès-verbal...*

Le Cit. — Dressez et mentionnez la profession de chacun de nous. Dites qu'il y a tant de *femmes* et tant d'*enfants.*

Le Com. — Je vous ordonne de vous dissoudre et de vous séparer...

Le Cit. — Vous n'en avez pas le droit !...

Le Com. — Je vais employer la force...

Le Cit. — C'est de la violence, de l'arbitraire, de la voie de fait ! Vous violez mon domicile et ma liberté ! Nous aurions le droit de repousser la force par la force; mais je préfère me borner à protester et à vous poursuivre ensuite pour acte arbitraire. Écrivez votre *menace* et ma *protestation.*

Si les citoyens entraient ainsi dans la voie du *courage civil,* les actes arbitraires auraient bientôt cessé. Mais chacun de ceux qui se réunissent (hommes et femmes) doit parfaitement connaître les conséquences de la réunion, ses droits et ses devoirs ; ceux qui ne se sentiraient pas la fermeté nécessaire ne devraient pas accepter l'invitation, comme le citoyen ne doit réunir que des personnes dont la prudence et la fermeté lui sont connues, et qui ont lu le présent *Guide du Citoyen.*

COURS DE LECTURE ET DE DISCUSSION.

Il paraît qu'en 1840 et 1841 des ouvriers se réunissaient soit dans des ateliers, soit dans des cabarets, pour y faire des lectures en commun et pour y discuter des questions d'Économie sociale, sur l'organisation du travail, etc... On voit, par des lettres saisies chez le gérant de *l'Humanitaire*, publiées dans son procès et dans le rapport de M. Bastard devant la Pairie, que beaucoup de ces réunions s'appelaient *cours Icariens*, parce qu'on y lisait et expliquait le *Voyage en Icarie*; que les fondateurs de *l'Humanitaire* s'y transportaient pour combattre les *principes Icariens*, et surtout *la Famille* maintenue en Icarie; qu'il y eut même une réunion nombreuse (de quatre-vingts personnes, dit-on), pour discuter entre les *Icariens* et les hommes de *l'Humanitaire*; et que, dans cette réunion (où se trouvaient des femmes avec leurs maris), la Famille et les principes Icariens obtinrent une immense majorité.

Il est fâcheux, sans doute, que des réunions et discussions de ce genre, parfaitement libres en Angleterre, en Amérique, et dans tous les pays qui jouissent de quelque liberté, soient entravées en France, après les Constitutions nationales qui proclamaient le droit de se réunir et de s'assembler : si ces réunions étaient permises et bien dirigées, nous ne doutons pas qu'on y verrait régner l'ordre le plus parfait, aujourd'hui surtout que l'esprit des masses se tourne vers l'étude et la discussion ; et si le Peuple entier pouvait entendre le *pour* et le *contre* sur chaque question, nous ne doutons pas qu'il adopterait toujours la cause de l'honnêteté, de la moralité, de la justice, de la raison, de la fraternité et de l'humanité.

Mais dans l'état actuel des choses, tant qu'on ne sera pas généralement convaincu qu'il n'existe plus de Sociétés secrètes, tant que les hommes prudents seront forcés d'éviter les réunions qu'ils seraient plus capables de bien diriger, ces *Cours* (qui ne sont certainement pas nécessaires et indispensables, et auxquels on pouvait donner un nom moins prétentieux) nous paraîtraient avoir, surtout s'ils étaient nombreux, beaucoup plus d'inconvénients que d'avantages ; car comment être sûr de diriger et de maintenir l'ordre? Comment empêcher la Police et les dissidents de s'y introduire pour y semer la division, pour y jeter le trouble et le désordre, etc., etc.?

DISCUSSION SUR LES PLACES ET LES QUAIS.

Nous en dirons autant des discussions parmi les masses d'ouvriers, comme celles qui ont eu lieu sur la place du Châtelet et sur les quais adjacents. Sans doute ces discussions pourraient être utiles, si la prudence et la sagesse y présidaient, et si personne n'avait intérêt à en abuser. Mais que d'inconvénients, que de dangers ! Et quelle instruction véritable peut être donnée là? Quelle conviction solide et vraie peut s'y acquérir? Nous le répétons, le meilleur moyen de propagande, ce sont les écrits d'abord, et les explications individuelles après et sur la lecture.

BANQUETS.

Nous en dirons encore autant des *Banquets*. Quel dommage qu'on ne puisse en profiter pour se connaître, pour fraterniser, pour s'instruire mutuellement, pour se moraliser ! Mais que d'inconvénients aujourd'hui, surtout s'ils étaient nombreux, au milieu de l'anarchie des esprits et de la violence de quelques-uns !

Par exemple, dans l'un des derniers banquets, le Maire du lieu se présentant, ce furent de simples convives qui discutèrent avec lui en l'empêchant de s'adresser au Président et en employant le sarcasme. Puis sortant, et les jeunes, ou des fous, ou quelques perfides, entraînant la masse, au lieu de rentrer paisiblement et séparément en ville, on se rendit en troupe dans la plaine, en criant, en chantant, en provoquant presque les gardes municipaux prévenus et rassemblés. Puis, quand la Police qui les suivait se fut précipitée sur eux et les eut assaillis à coups de cannes, de sabres et de baïonnettes (ce qui était très-mal assurément, mais ce qui n'est pas la question), la foule se trouva réduite à l'humiliation de fuir de tous côtés, d'escalader les haies et les murs, et de laisser vingt ou trente prisonniers entre les mains des mouchards et des gendarmes qui les accablaient d'insultes et d'outrages. N'était-ce pas puéril, insensé, dangereux et funeste sous tous les rapports?

FUNÉRAILLES.

Nous en dirons autant des *convois funéraires* et des *cérémonies funèbres*. Que d'avantages n'en pourrait-on pas tirer, si l'ordre y présidait, et si l'on n'y parlait que des vertus dont un citoyen regretté aurait laissé l'exemple !

Mais si l'on n'apportait dans la réunion que de la violence ; si, après le dépôt d'un ami dans sa demeure terrestre, on se réunissait dans des cabarets pour y boire et y chanter des chansons politiques, au risque de se faire dénoncer par un cabaretier qui craindrait d'être compromis ; si l'on parcourait les rues en troupe, en criant ou chantant, au risque d'être assailli par la Police, ou trahi, dénoncé et arrêté, soit à l'instant, soit le lendemain, soit quinze ou vingt jours plus tard ; serait-ce raisonnable, sensé, utile ?

RASSEMBLEMENTS TUMULTUEUX.

A ceux qui se rendent ou restent volontairement dans des *rassemblements tumultueux* nous n'avons rien à dire. Ils savent à quoi ils s'exposent et l'acceptent ; et si la Police les attaque sans les sommations légales, si elle exerce sur eux des violences, ils pourront bien s'en plaindre à la Justice, car toutes nos Constitutions interdisent aux agents de la force publique les rigueurs qui ne sont pas absolument nécessaires ; mais ils courront le risque de n'être ni écoutés de la Justice, qui ne voudra voir que leur propre délit, ni soutenus par l'opinion publique, qui leur reprochera peut-être, au contraire, d'avoir compromis tout le parti populaire.

Mais à ceux qui tombent inopinément et sans le savoir dans un pareil rassemblement, en usant de la voie publique pour se rendre à leurs affaires, et qui se trouvent brusquement et violemment assaillis et maltraités par la Police, nous dirons qu'ils doivent protester, réunir les témoins qui peuvent constater la violence, en rédiger le récit, et en poursuivre par tous les moyens la publicité et la réparation, pour en prévenir le renouvellement au préjudice des autres citoyens pacifiques. Ils doivent même dénoncer les violences exercées sur d'autres, parce que nous sommes tous intéressés à ce que la Police ne violente personne.

ÉMEUTES.

Tout ce qui précède s'applique aux *émeutes*. A ceux qui les voudraient nous n'avons rien à dire, si ce n'est que, avides de recueillir de la gloire en cas de succès, ils devraient trouver juste de supporter la responsabilité de toutes les violences, de toutes les visites domiciliaires, de toutes les arrestations auxquelles l'émeute écrasée servirait de *prétexte* contre le Peuple entier. Aux innocentes victimes de l'émeute ou des violences qui suivraient sa défaite, nous dirons seulement qu'ils devraient protester et réclamer courageusement contre tous les excès et les abus de la Police envers eux.

PRESSE CLANDESTINE.

En posséder une, s'en servir, répandre ses produits, ce serait un délit prévu par la loi ; nous n'avons donc rien à dire à ceux qui voudraient s'en rendre coupables. Quel service peut rendre un écrit dont la publication est extrêmement difficile et rare, qui attire à l'instant toute la vigilance et l'activité de la Police? Quelle garantie de prudence et de sincérité peut offrir un écrivain inconnu et sans responsabilité? Nous ne voyons pas l'utilité d'une pareille presse, mais nous savons qu'elle a souvent compromis tout un parti.

Quoique aucune loi ne punisse l'achat, la lecture et la possession d'un écrit clandestinement imprimé ou lithographié, ou d'un écrit condamné, il n'est pas prudent d'en avoir, leur possession pouvant rendre suspect et exposer à quelque vexation ; mais comme en définitive ce n'est point un délit, le possesseur, qui n'a rien à se reprocher d'ailleurs, doit, sans s'effrayer aucunement, défendre sa propriété, comme nous le dirons plus en détail tout-à-l'heure.

VISITE DOMICILIAIRE.

Si vous avez chez vous quelque objet illicite (armes prohibées, munitions, instruments de fabrication défendue, presse clandestine, dépôts d'imprimés clandestins ou incriminés, papiers ou lettres constatant un délit quelconque de votre part), vous pouvez trembler à la vue de la Police venant fouiller votre demeure ; car elle pourra tout fouiller et tout découvrir. Elle a tant vu de ruses et connaît si bien les cachettes ! — Mais si vous n'avez rien d'illicite, si vous n'appartenez à aucune Société secrète et si vous n'avez commis aucun autre délit, quelque nombreux que soient les agents qui se présentent, n'ayez pas peur, rassurez complètement votre femme et vos enfants, recevez avec résignation les agents de l'Autorité ; mais soyez aussi fermes que polis, faites respecter votre dignité, votre domicile, vos propriétés et vos droits, sans souffrir aucune vexation.

Le domicile du citoyen étant une chose sacrée, ainsi que ses propriétés de toute nature, ainsi que ses secrets de famille et d'affaires, l'obligation de les laisser visiter est un des plus grands sacrifices que puisse exiger l'intérêt public ; c'est un des cas où l'abus d'autorité peut avoir les plus graves inconvénients et où la loi doit donner le plus de garanties contre les vexations et les abus du pouvoir.

Écoutez ce que disent nos Constitutions et nos lois sur les relations entre le citoyen et la Police ou la Justice.

La Déclaration des Droits, dans la *Constitution de 1791*, portait:

« Art. 7. — Nul homme ne peut être accusé, arrêté et détenu que dans *les cas* determinés par la loi et selon *les formes* qu'elle a prescrites. Ceux qui sollicitent, expédient, exécutent ou font exécuter des ordres arbitraires, *doivent être punis*. Mais tout citoyen appelé ou saisi en vertu de la loi *doit obéir* à l'instant: il se rend coupable par la résistance. »

« Art. 9. — Tout homme étant *présumé innocent* jusqu'à ce qu'il ait été déclaré coupable, s'il est jugé *indispensable de l'arrêter*, toute rigueur qui ne serait pas *nécessaire* pour s'assurer de sa personne doit être *sévèrement réprimée* par la loi. »

« Art. 10. — Nul ne doit être inquiété pour ses *opinions*, même religieuses, pourvu que leur manifestation ne trouble pas l'ordre public établi par la loi. »

Dans une Instruction sur l'exercice de la Police, *l'Assemblée Constituante* disait :

« L'action de la Police doit être assez *modérée* pour ne *pas blesser* l'individu qu'elle atteint. Il ne faut pas qu'il ait à *regretter* l'institution d'un pouvoir constitué *pour son avantage*, et que les précautions prises en sa faveur soient plus insupportables que les maux dont elles doivent l'affranchir. »

« Les fonctions de la Police sont *délicates*. Ces fonctions ont besoin, pour s'exercer, d'une sorte de latitude de *confiance* qui ne peut se reposer que sur des mandataires *infiniment purs*. Les Juges de paix, *élus par le Peuple* pour exercer le plus doux et le plus consolant de tous les ministères politiques, dans un cercle plus étendu dont ils *connaissent* tous les individus et où *ils sont connus de tous*, ne semblaient-ils pas désignés pour accumuler sur leurs personnes tout ce qui peut rendre la Police *tranquillisante* pour ceux qu'elle protège, *respectable* pour ceux qu'elle surveille, et *rassurante* pour ceux mêmes qu'elle soumet à son action ? »

Aussi, l'Assemblée Constituante confia-t-elle les visites domiciliaires et les arrestations aux *Juges de paix* électifs.

La Constitution de l'an iii portait :

« Art. 359. — La maison de chaque citoyen est un *asile inviolable*. Pendant la nuit, nul n'a le droit d'y entrer que dans les cas d'incendie, d'inondation ou de réclamation venant de l'intérieur de la maison... Pendant le jour on peut y exécuter les ordres des autorités constituées.

« Aucune *visite domiciliaire* ne peut avoir lieu qu'en vertu d'une *loi*, et pour la PERSONNE ou l'OBJET *expressément désigné* dans l'acte qui ordonne la visite. »

L'art. 108 du Code des délits et des peines, de brumaire AN IV, confie aussi aux Juges de paix les visites domiciliaires.

La Constitution consulaire de l'AN VIII (art. 76) déclare également le *domicile inviolable*.

Mais le Code d'instruction criminelle de 1808, sous l'Empire, remplace les Juges de paix *électifs* par des Juges d'instruction, etc.; nommés par le Gouvernement.

Parcourons quelques dispositions de ce dernier *Code*.

L'art. 16 ne permet au Garde champêtre de s'introduire dans les maisons qu'en présence d'un autre fonctionnaire.

Les art. 36 et suivants, 48 et suivants, donnent le droit de visite domicilaire au *Procureur du Roi* et à ses *auxiliaires*, c'est-à-dire au *Juge de Paix*, au *Préfet*, au *Maire*, aux *Officiers de gendarmerie*, au *Commissaire général de Police*, au *Commissaire de police*, mais seulement dans le cas de *flagrant délit* (1) ou de réquisition de la part du chef de maison, et lorsqu'il s'agit non d'un simple *délit* mais d'un *crime* emportant peine afflictive ou infamante.

Dans tous les autres cas, c'est-à-dire de *crime non flagrant* ou de *simple délit* n'emportant qu'une peine correctionnelle, l'art. 54 veut que les Officiers auxiliaires de police (Commissaires, etc.) ne constatent rien *directement* et se bornent à recevoir les dénonciations et les plaintes et à les *transmettre sans délai* au Procureur du Roi, qui les *remettra au Juge d'instruction* avec son réquisitoire.

Dans ces derniers cas, ces fonctionnaires ne peuvent faire une visite domiciliaire qu'en exécution d'un *mandat* du Juge d'instruction.

Et encore, si l'on suivait rigoureusement la loi, il semble que le Juge d'instruction devrait, personnellement et seul, faire la visite domiciliaire; car les art. 47 et 87 portent :

« Art. 47. — Hors les cas de flagrant délit, le Procureur du Roi sera tenu de *requérir* le Juge d'instruc-

---

(1) Le flagrant délit est le crime ou le délit qui se commet actuellement, ou qui vient de se commettre, ou qui est poursuivi par la clameur publique (art. 41).

tion de *se transporter sur les lieux*, afin d'y dresser tous les procès-verbaux nécessaires.

« Art. 87. — Le Juge d'instruction *se transportera*, s'il en est requis (par le Procureur du Roi), et pourra même *se transporter* d'office, dans le domicile du prévenu, pour y faire la perquisition des *papiers*, *effets*, et généralement de tous les *objets* qui seront jugés utiles à la manifestation de la vérité. »

Et nulle part nous ne voyons que le Juge d'instruction soit autorisé à déléguer à un simple Commissaire de police le pouvoir si dangereux de fouiller un domicile et des papiers, d'où l'on devrait conclure que la visite ne peut être faite que par le Magistrat en personne, d'autant plus que la loi n'a, pas même en lui, une confiance illimitée ; car elle dit :

« Art. 61. — Hors le cas de flagrant délit, le Juge d'instruction ne fera *aucun acte d'instruction et de poursuite* qu'il n'ait donné communication de la procédure au Procureur du Roi (pour que celui-ci puisse faire ses réquisitions)...

« Art. 62. — Lorsque le Juge d'instruction se transportera sur les lieux, il *sera toujours accompagné du Procureur du Roi* et du Greffier du Tribunal. »

A plus forte raison, un simple Commissaire de police ne devrait-il pas être seul pour faire une visite domiciliaire.

2

Cependant, tel est le déplorable effet des discordes civiles, que l'on prend aisément la funeste habitude de violer journellement les lois les plus sacrées, celles qui protègent le domicile et la liberté des citoyens, à tel point que les visites domiciliaires sont faites d'ordinaire, à Paris, par un simple Commissaire de police, même par un simple Officier de paix et par des Sergents de ville, même sans mandat ou avec un mandat en blanc qu'ils remplissent après la visite.

Quoi qu'il en soit, les art. 36, 49, 87, indiquent que la visite et la perquisition doivent être faites par le Procureur du Roi ou par le Juge d'instruction, ou par l'Officier auxiliaire, et non par les *Sergents de ville* qui les assistent pour les défendre.

L'art. 57 est ainsi conçu :

« S'il existe, dans le domicile du prévenu, des papiers ou effets qui peuvent servir à conviction ou à *décharge*, le Procureur du Roi (ou autre ayant-droit) en dressera *procès-verbal* et se *saisira* des dits effets ou papiers. »

D'où il résulte : 1° qu'il faut chercher et constater les pièces à *décharge* comme celles à charge ou à conviction ; 2° que le procès-verbal doit être rédigé sur le lieu, dans le domicile, puisqu'il doit précéder la saisie et l'enlèvement.

« Art. 38. — Les objets saisis seront *clos* et *cache-*
tés, si faire se peut ; ou, s'ils ne sont pas susceptibles
de recevoir des caractères, ils seront mis *dans un vase*
ou *dans un sac*, sur lequel le Procureur du Roi (ou
autre visitant) attachera une bande de papier qu'il
scellera de son sceau. »

Par conséquent, la loi ne permet ni de percer ni de
détériorer d'aucune manière les papiers, livres, objets
saisis.

« Art. 39. — Ces opérations (visite, perquisition,
saisie) seront faites en *présence du prévenu* ou de son
fondé de pouvoir. Les objets lui seront présentés à
l'effet de les *reconnaître*. »

Par conséquent, la perquisition ne peut pas être faite
par plusieurs personnes en même temps dans divers
appartements ou dans divers meubles ; car le prévenu
ne pourrait pas être présent à chaque fouille de détail
pour veiller soit à ce qu'on ne dépose pas quelque objet
qui pourrait le compromettre, soit à ce qu'on n'enlève
ou à ce qu'on ne gâte rien.

L'art. 42 pousse même la défiance jusqu'à prescrire
que le Procureur du Roi (ou tout autre) rédige son
procès-verbal en *présence du Commissaire de police*,
ou du *Maire*, ou de *deux citoyens*, s'il est possible de
s'en procurer tout de suite. Il prescrit même que cha-

que feuillet du procès-verbal soit *signé* par les assistants. — Par conséquent, cette présence de deux citoyens devrait toujours être requise, comme garantie d'exactitude dans l'opération et de modération respective.

Les art. 45 et 55 veulent enfin que les papiers et autres objets saisis, et le procès-verbal, soient transmis sans délai au Juge d'instruction, qui seul doit lire les papiers.

Ajoutons, pour terminer nos citations législatives, que les visites domiciliaires et les arrestations ne peuvent être faites AVANT 6 HEURES du matin et APRÈS 6 HEURES du soir, en hiver, *du 1ᵉʳ octobre au 31 mars* ; AVANT 4 HEURES du matin et APRÈS 9 HEURES du soir, en été, *du 1ᵉʳ avril au 30 septembre.*

Une *circulaire* du ministre de la Justice, du 5 germinal, portait :

« Pendant la nuit, la Police doit se borner à faire *entourer* la maison par la force armée, pour, dès la pointe du jour, procéder à la perquisition. »

Le *Dictionnaire de police moderne*, par *Alletz*, au mot *domicile*, dit :

« Hors les cas ci-dessus, tout citoyen dont on voudrait violer l'asile est autorisé à repousser une semblable violence par tous les moyens qui sont en son pouvoir. »

Cela est vrai, incontestable, parce que le violateur du domicile déclaré inviolable peut n'être considéré que comme un malfaiteur, un voleur, un assassin, un brigand, attaquant un citoyen dans son château-fort; pour défendre sa personne, sa propriété, sa famille, il a le droit de se barricader, même de repousser la violence par la force. Cependant, nous conseillons au citoyen, dans son intérêt, de n'employer généralement que la force d'inertie, la protestation et la poursuite légale du violateur.

Maintenant, aux abus ! Nous regrettons d'être obligé d'en signaler tant; mais c'est une nécessité dans l'intérêt des citoyens.

Du reste, tous les officiers ou agents de la Police ne méritent pas des reproches : il en est qui savent concilier leurs devoirs avec le respect pour les droits des citoyens et pour l'Humanité ; les autres compromettent le Pouvoir et leurs camarades, comme il est des hommes du Peuple qui compromettent la cause populaire.

Que de fois n'a-t-on pas vu : — un simple Officier

de paix envahir un domicile, seul avec des Sergents
de ville ; — un autre se donner faussement pour Commissaire de police ; — un Commissaire de police se
présenter sans mandat, sans accusation déterminée,
sous un prétexte quelconque, uniquement pour faire
une visite et voir s'il ne trouvera pas l'indice de quelque délit, et remplir ensuite un mandat signé en blanc
par son supérieur ; — les Sergents de ville fouiller tous
ensemble et partout, sans qu'il fût possible au citoyen
d'être présent à la fouille de chacun d'eux, de telle
sorte qu'ils pourraient prendre ou mettre tout ce qu'ils
voudraient sans qu'il s'en aperçût ;—tous les visiteurs
lire les lettres et papiers, accuser, menacer ou insulter;— tout bouleverser, gâter, déchirer, percer, sans
précaution ou comme à plaisir ;—brusquer et effrayer
les femmes et les enfants ; — saisir sans aucune nécessité des livres achetés cher par un ouvrier ;—lui faire
perdre son temps en le forçant à aller signer ailleurs
le procè-sverbal;—l'arrêter arbitrairement, sous le dérisoire prétexte qu'on a trouvé chez lui quelques brochures ou journaux politiques ;—lui retenir ses livres, ses
écrits, sa propriété, en lui faisant perdre tant de temps
pour les obtenir qu'on le force à y renoncer, etc., etc.!!!
On dirait que le Peuple n'a aucune garantie pour son
domicile, pour sa propriété, pour sa sûreté, pour sa

liberté ! On dirait que c'est un *suspect* ou un *mis hors la loi !*

A l'appui de ce qui précède, nous pourrions citer des centaines de visites et d'arrestations arbitraires ; nous nous bornerons à quelques-unes des plus récentes.

1er *Exemple.* — Un ouvrier en chambre, marié, laborieux, estimé, est accusé de *faux*, sur une dénonciation manifestement dérisoire. Le Commissaire de police se transporte arbitrairement dans son domicile, et n'y trouve que des écrits Démocratiques et Communistes. On reconnaît qu'il n'y a point de crime de faux ; mais on l'accuse d'un autre délit, de faire partie de quelque Société secrète ; on saisit tout, on le retient prisonnier, sauf à lui rendre la liberté dans quelques mois, après l'avoir ruiné !

2e *Exemple.* — Un marchand, soupçonné d'être mouchard, voulant vexer deux ouvriers logés ensemble, assidus à leur travail, aisés, connus pour leurs opinions démocratiques, les dénonce clandestinement comme lui ayant *volé* une petite statue, et assiste à la visite domiciliaire faite, sans mandat, par le Commissaire de police. On fouille tout, les livres et de petites

boîtes, sous prétexte qu'on pourrait y trouver une re-
connaissance du mont-de-piété indiquant le dépôt de
la statue volée. On enlève les brochures politiques; et
le Juge d'instruction, lançant des mandats de comparution, reproche aux deux jeunes ouvriers leurs opinions, leurs lectures politiques et leur participation
probable aux Sociétés secrètes. Voilà des innocents
calomniés et diffamés dans le quartier, dérangés, dé-
pouillés, menacés !

3e *Exemple.* — Le 9 juin, un Commissaire de police,
avec trois agents, visite, sans mandat, un vieux ouvrier,
sous prétexte qu'il a des *armes*. N'en trouvant pas, il
saisit des brochures, disant qu'on lui écrira pour les
lui rendre, et l'emmène au corps-de-garde pour rédiger le procès-verbal.

4e *Exemple.* — Le même jour, même visite, sous le
même prétexte, chez un autre vieux ouvrier. Rien trouvé.

5e *Exemple.* — Le même jour, un Officier de paix
et trois agents, tous en bourgeois, très-bien mis, se
présentent un matin, sans mandat, chez un ouvrier
dont ils ne savent pas même le nom, l'accusent de se
mêler de politique, lui demandent ses papiers, le font
lever, fouillent sa paillasse, bouleversent tout, trouvent

des écrits Démocratiques et Communistes, et partent sans saisie et sans procès-verbal.

6ᵉ *Exemple.* — Le même jour, un Commissaire de police, avec trois agents, vint, à 4 heures et demie, chez un ouvrier marié, pour chercher des *armes* et des *écrits ;* lui reproche d'être homme politique ; fait lever sa femme près d'accoucher et sa petite fille de six ans ; fouille le lit et le berceau ; fouille et fait fouiller partout par ses agents ; saisit des journaux et des brochures et les enveloppe ensemble, disant qu'on les rendra ; aperçoit le *Voyage en Icarie* sans le saisir ; et force l'ouvrier à quitter son travail pour aller signer à son bureau son procès-verbal.

7ᵉ *Exemple.* — Le même jour, un Officier de paix, se disant faussement Commissaire de police et porteur d'un mandat, se présente, à 4 heures, avec neuf Sergents de ville en bourgeois, chez deux jeunes ouvriers Communistes, pour chercher des *armes.* Tous fouillent ; bouleversent ; jettent le lit sur le plancher ; lisent les papiers et les lettres ; en décachètent une reçue la veille pour un ami ; percent une cloison ; saisissent beaucoup d'écrits et de brochures politiques ou Communistes, même le *Voyage en Icarie ;* et gâtent tous ces ouvrages en les perçant tous pour les attacher ensemble; puis arrêtent, sans mandat, les deux ouvriers et les emmènent à la Préfecture de police, où ils rédigent le mandat et le procès-verbal, laissant leur logement en désordre. Forcés de dépenser le peu d'argent qu'ils ont pour payer un lit et ne pas coucher sur la paille dans la salle commune remplie de voleurs et de vermine, ils restent là trois jours, sans pouvoir manger la dégoûtante soupe qu'on leur apporte, et sont conduits *garrottés* dans l'humide *souricière*, puis devant le Juge d'instruction, qui les accuse d'avoir des écrits politiques, de faire partie des Sociétés secrètes, d'aller le soir sur les quais et d'y faire de la propagande, mais qui, sur la réclamation de leurs patrons, les met en liberté sans leur rendre leurs écrits.

8ᶜ *Exemple.* — L'an dernier, un lithographe est clandestinement dénoncé comme ayant imprimé de *faux timbres* de journaux. Pour montrer son ardeur à venger le Fisc, la Police fait une visite domiciliaire. Rien; seulement des indices favorables à l'ouvrier. Néanmoins on arrête toute la famille, le lithographe, sa jeune épouse enceinte et sa vieille mère. On jette les deux femmes dans la souricière avec des femmes prostituées et des voleuses, qui leur font entendre et voir mille horreurs. Le Juge d'instruction les renvoie le jour même ; l'innocence de l'ouvrier est reconnue, mais après *sept mois* de détention provisoire ou préventive ; et la maison, l'industrie, la famille sont ruinées et perdues !

La Bourgeoisie voit avec indifférence toutes ces vexations contre des ouvriers sans défense : mais si jamais la masse travailleuse usait de représailles, fouillait les domiciles, les livres et les papiers (ce que nous ne désirons pas, tout en désirant la délivrance du Peuple), que dirait cette Bourgeoisie si follement insensible aujourd'hui ?

De ce qui précède nous pouvons tirer les règles suivantes :

1° — La visite domiciliaire ne peut être faite pendant la nuit ;

2° — Dans les cas de *crime* et de crime *flagrant,* elle peut être faite, sans mandat, par le Procureur du Roi ou par le Juge d'instruction, ou par le Juge de paix, ou par le Préfet, ou par le Maire, ou par le Commissaire général ou particulier de Police, ou par un Officier de gendarmerie ;

3° — Dans les cas de *crime non flagrant,* ou de

simple délit, le Procureur du Roi, etc., le Commissaire de police, etc., ne peuvent que recevoir la plainte ou la dénonciation, et la transmettre au Juge d'instruction, qui seul peut faire la visite. — Si, dans ce cas, le Commissaire de police, etc., peut faire la visite, ce ne peut être qu'en exécution d'un *mandat* délivré par le Juge d'instruction. — Un simple Officier de paix ne peut se présenter qu'avec un Commissaire de police, et par conséquent c'est le Commissaire de police qui fait la visite.

4° — Le fonctionnaire qui fait la visite doit être revêtu de son *costume* (le Commissaire de police de son écharpe ou ceinture) et prouver sa qualité et son titre.

5° — Il doit, avant tout, présenter son *mandat*, et en laisser *copie*.

6° — Le mandat ne peut être *en blanc*, portant seulement la signature du Juge d'instruction. Il doit contenir le nom de la *personne* à visiter, et le *crime* ou le *délit* pour la constatation duquel la visite est ordonnée. — La visite ne peut être ordonnée pour elle-même, pour savoir si l'on trouvera la preuve d'un délit quelconque; elle ne peut l'être que pour chercher la preuve d'un délit déterminé, après une dénonciation spéciale ou une plainte; elle doit être la suite et l'accessoire d'une dénonciation ou d'une plainte.

7º — La visite devrait toujours avoir lieu en présence de *deux voisins*, qui signeraient le procès-verbal.

8º — Les Sergents de ville ne peuvent rien fouiller, rien toucher. Ils ne peuvent que garder les portes, assurer et protéger la visite et le visiteur. Ils n'ont pas à dire un seul mot.

9º — Le visiteur peut faire tout ce qui est nécessaire, mais rien que ce qui est nécessaire. Il doit éviter tout dérangement inutile, toute vexation, tout dégât. Autrement ce serait de la voie de fait, de la persécution, de la tyrannie, du brigandage, de la barbarie.

10º — Il ne doit pas lire les lettres et papiers si le citoyen s'y oppose, et peut seulement les emporter en les mettant sous le scellé.

11º — Il doit mentionner les livres et papiers à *décharge* comme ceux à charge.

12º — Il ne doit pas saisir les livres et papiers dont la possession ne constitue ni crime ni délit et ne prouve nullement un autre crime ou délit.

13º — Il ne peut ni percer les livres, brochures, papiers, etc., ni les détériorer aucunement, et doit les placer dans un vase, ou une boîte, ou un sac, sous un scellé.

14º — Le procès-verbal doit être rédigé dans le domicile, en présence de tous les objets qui s'y trouvent, sans déranger le citoyen.

15° — Le visité doit toujours *réclamer* l'observation de la loi et toujours *protester* froidement contre sa violation.

16° — Le citoyen peut exiger qu'on mentionne ses protestations et réclamations dans le procès-verbal. — Il ne doit le signer qu'après l'avoir lu. — Il peut refuser de le signer.

17° — Si la visite est suivie d'arrestation, on doit donner au citoyen le temps de remettre son domicile en ordre et en sûreté.

ARRESTATIONS.

Nous avons déjà vu, pages 28 et suivantes, combien notre Constitution de 1791 mettait de soins à protéger la liberté du citoyen. — Voici les principales dispositions des Constitutions et des lois postérieures.

La CONSTITUTION DE L'AN VIII portait :

« Article 77. — Pour que l'acte qui ordonne l'arrestation d'une personne puisse être exécuté, il faut : 1° qu'il exprime formellement le *motif* de l'arrestation et la *loi* en exécution de laquelle elle est ordonnée ; 2° qu'il émane d'un *fonctionnaire* à qui la loi ait donné formellement ce pouvoir ; 3° qu'il soit *notifié* à la personne arrêtée, et qu'il lui en soit laissé *copie*.

« Article 82. —Toutes *rigueurs* employées dans les arrestations, détentions ou exécutions, autres que celles autorisées par les lois, sont des *crimes*. »

La Charte porte :

« Art. 4. — La *liberté individuelle* est également garantie, personne ne pouvant être poursuivi ni arrêté que dans *les cas* prévus par la loi et dans *la forme* qu'elle prescrit. »

Voici maintenant l'ensemble du Code actuel d'instruction criminelle :

« Art. 8. — La Police judiciaire *recherche* les crimes, les délits et les contraventions, en rassemble les *preuves* et en *livre* les auteurs aux Tribunaux chargés de les *punir*.

« Art. 9. — La Police judiciaire est exercée, sous l'autorité des Cours et sous les distinctions qui vont être établies : — par les Gardes champêtres et forestiers ; — par les Commissaires de police ; — par les Maires et les Adjoints ; — par les Procureurs du Roi et leurs substituts ; — par les Juges de paix ; — par les Officiers de gendarmerie ; — par les Commissaires généraux de police ; — par les Juges d'instruction.

« Art. 10. — Les Préfets des départements et le Préfet de Police à Paris pourront *faire* personnellement ou *requérir* les Officiers de police judiciaire, chacun en ce qui le concerne, de faire tous actes nécessaires à l'effet de *constater* les crimes, délits et contraventions, et d'en *livrer* les auteurs aux Tribunaux chargés de les punir, conformément à l'art. 8 ci-dessus. »

Puis, les art. 11 à 15 donnent au Commissaire de police de chaque ville, ou au Maire ou à l'adjoint, le droit de *rechercher* et de *constater* les simples CONTRAVENTIONS DE POLICE.

Les art. 16 à 21 autorisent les *Gardes champêtres et forestiers* à rechercher et à constater les *contraventions* et *délits* RURAUX ET FORESTIERS.

Les art. 22 à 47 autorisent le Procureur du Roi à rechercher et à poursuivre les DÉLITS et les CRIMES, à recevoir les *dénonciations* et les *plaintes*, qu'il doit ensuite transmettre au Juge d'instruction en le requérant, soit de commencer une instruction, soit de faire une perquisition ou visite domiciliaire, soit de lancer des mandats... Ils l'autorisent aussi à faire la visite domiciliaire et à lancer les mandats, mais seulement dans le cas de CRIME et de CRIME FLAGRANT.

Ainsi, dans le cas de simple *délit* et de crime *non flagrant*, le Procureur du Roi ne peut ni faire une visite domiciliaire ni lancer un mandat ; il ne peut que requérir le Juge d'instruction de le faire.

C'est lui que l'art. 28 charge de l'exécution des ordonnances du Juge d'instruction, qui lui adresse toutes ses ordonnances, pour qu'il les envoie, soit à un Huissier ou à un Juge de paix, soit au Préfet de police qui les transmet à ses subordonnés, les Commissaires de police, etc.

Les art. 48 à 54 déclarent les Juges de paix, les Officiers de gendarmerie, les Commissaires généraux de police, les Commissaires de police, les Maires et adjoints, *Officiers de police auxiliaires* du Procureur du Roi, et les autorisent à faire les mêmes actes que lui, en leur ordonnant de les lui transmettre pour qu'il les remette au Juge d'instruction avec ses propres réquisitions. — Dans les cas de simple délit ou de crime non flagrant, ils ne peuvent, pas plus que le Procureur du Roi, ni faire spontanément des visites, ni lancer des mandats.

Les art. 55 à 112 règlent les pouvoirs du *Juge d'instruction*. — Dans le cas de flagrant délit, il peut agir sans réquisition du Procureur du Roi et sans lui rien communiquer.

Dans les cas ordinaires, il ne peut rien faire sans communiquer d'abord tout ce qu'il sait au Procureur du Roi pour avoir ses réquisitions. — Il peut cependant lancer les mandats de comparution, ou d'amener, ou de dépôt, sans communication préalable, mais non le mandat d'arrêt. Il ne peut se transporter sur les lieux (dans les cas ordinaires) qu'accompagné du Procureur du Roi.

Le Juge d'instruction reçoit d'abord la *plainte* ou la *dénonciation*. — Puis, il entend les *témoins*. — Puis, il peut faire une visite domiciliaire. — Puis, il peut lancer un mandat de comparution, ou d'amener, ou de dépôt, ou d'arrêt.

Voici les formes prescrites pour ces mandats :

« Art. 95. — Les mandats de comparution, d'amener, de dépôt, seront *signés* par celui qui les aura décernés et munis de son *sceau*. — Le prévenu y sera *nommé* ou *désigné* le plus clairement qu'il sera possible.

« Art. 96. — Les mêmes formalités seront observées dans le *mandat d'arrêt*. Ce mandat contiendra, de plus, l'énonciation *du fait* pour lequel il est décerné et la citation de *la loi* qui déclare que ce fait est un *crime* ou *délit*.

« Art. 97. — Les mandats de comparution, d'amener, de dépôt et d'arrêt, seront *notifiés* par un huissier ou par un agent de la force publique, lequel en fera *l'exhibition* au prévenu et lui en délivrera *copie*.

« Art. 106. — Tout dépositaire de la force publique et même *toute personne* sera tenue de *saisir* le prévenu surpris en flagrant délit ou poursuivi par la clameur publique, et de le *conduire* devant le Procureur du Roi, sans qu'il soit besoin de mandat d'amener, *si le crime* ou délit emporte peine afflictive ou infamante.

« Art. 112. — L'inobservation des formalités prescrites par les mandats de comparution, d'amener, de dépôt ou d'arrêt, sera toujours punie d'une amende de 50 fr. au moins contre le GREFFIER, et, s'il y a lieu, d'injonction au *Juge d'instruction* et au *Procureur du Roi*, même de prise à partie s'il y échet. »

Ce qui confirme que les mandats sont décernés seulement par le Juge d'instruction, et par le Procureur du Roi dans certains cas.

De toutes ces dispositions, il nous paraît résulter incontestablement : — 1° Que, dans le cas de *simple délit* ou de *crime non flagrant*, chacun des quatre mandats ne peut être décerné que par le Juge d'instruction ; — 2° que chaque mandat doit désigner le *prévenu ;* — 3° qu'il doit être *notifié, exhibé,* laissé *en copie.*

Sans ces formalités, l'arrestation est illégale et arbitraire.

Écoutons maintenant la discussion qui s'est élevée, le 15 avril dernier, à la Chambre des Députés, entre l'avocat Chaix-d'Est-Ange et les Ministres, au sujet d'une modification proposée dans le Code d'instruction criminelle.

DISCOURS DE M. CHAIX-D'EST-ANGE.

M. Chaix-d'Est-Ange. — Si je n'ai pas de pitié pour les coupables, j'ai pitié de ceux qu'un simple soupçon, qu'une plainte mal fondée, peut compromettre. (Très-bien ! très-bien !)

« L'instruction criminelle, en France, n'est pas énervée : tous les moyens d'instruction sont en la possession du Juge d'instruction, qui peut non-seulement en user, mais en abuser. Vous avez l'arrestation provisoire ; vous avez le secret, la plus abominable des tortures ; le secret, supplice nécessaire peut-être, mais affreux. Vous avez toutes ces dispositions de rigueur qui faisaient dire dans cette discussion à un Magistrat, *qu'il y avait de quoi ne point en dormir.*

« Vous avez le *mandat de perquisition* (cela s'appelle encore la *visite domiciliaire !*), qui autorise à fouiller le domicile non-seulement de l'inculpé, mais de ses amis. C'est ici qu'il y a vraiment *de quoi ne pas dormir.* Cette visite consiste *à fouiller les papiers*, à mettre *votre maison au pillage.* (Vives exclamations au centre.) »

Plusieurs voix. — Ce mot est trop fort (Bruit) : retirez-le !

M. Chaix-d'Est-Ange. — Je le retire... C'est vrai... La maison n'est pas pillée... Mais il y *a des abus.* Permettez-moi de vous en dire quelques mots en terminant. (Oui, oui.) Les Magistrats, même les plus respectables, peuvent quelquefois *abuser de leurs pouvoirs.* »

Nombre de voix. — Oui! oui! parlez!

M. Chaix-d'Est-Ange. — Ainsi, à Paris, les Juges d'instruction, *qui doivent faire eux-mêmes les perquisitions,* LES DÉLÈGUENT *aux Commissaires de police.* C'est une *confusion déplorable* entre le Pouvoir judiciaire et le Pouvoir ministériel. Il y a là une *infraction formelle à la loi* et à ses dispositions les plus sages. C'est sur ce point que j'appelle toutes les sollicitudes de M. le Garde-des-sceaux. A Paris, il est peut-être impossible que les Juges d'instruction fassent toutes les perquisitions. Donnez à la Police le soin de saisir les instruments matériels du crime, le soin du délit; mais s'il s'agit de *fouiller dans les papiers,* OB-SERVEZ LA LOI RELIGIEUSEMENT : lorsqu'on pénètre dans la maison d'un médecin, d'un avocat, lorsqu'on dépouille les papiers dont ils sont dépositaires, sur un simple soupçon qui peut-être ne se justifiera pas, je dis qu'il y a là un abus très-grave. (Très-blen! très-bien!)

M. le Garde-des-sceaux. — Je reconnais qu'il est essentiel de ne pas abuser du droit de perquisition. Mais les scrupules du préopinant existent dans la pratique. Il n'est pas un seul Magistrat qui ne les ait. Toutes les fois que les Magistrats peuvent exercer eux-mêmes le droit de perquisition, ils le font. Mais il se présente, surtout à Paris, de nombreuses circonstances où ce droit doit être *délégué;* et quand il l'est, il l'est légalement. Si la question était soulevée par un amendement, je montrerais que cette délégation est légale.

M. Chaix-d'Est-Ange. — Le *droit de délégation* n'existe que dans le cas de FLAGRANT DÉLIT.

M. le Ministre des Travaux publics dit que ce *droit de délégation* dérive de *l'art.* 10 *du Code d'instruction criminelle.*

Ainsi, voilà un Député, un Député dynastique, un des premiers avocats du barreau de Paris, qui déclare solennellement et persiste à soutenir : que le Juge d'instruction seul a le droit de faire les visites domiciliaires ; que ni le Préfet ni le Commissaire de police n'a ce droit ; — que les visites journellement requises et faites par eux sont illégales, arbitraires, violatrices des lois ; — et que les maisons des citoyens sont soumises à une sorte de *pillage!* Est-ce grave, une pareille déclaration ! ! !

Deux Ministres prétendent, il est vrai, que l'art. 10 donne au Préfet le droit de faire ou de faire faire par ses Commissaires de police les visites et les arrestations : mais lisez cet article 10 ci-dessus, page 28, quelle est l'expression qui donne au Préfet un droit si important, si capital? Quoi! il faudrait interpréter, induire, conjecturer, deviner, quand le législateur n'aurait pu se prononcer assez formellement, assez précisément! Quoi! quand le Code emploie tant d'articles et prend tant de minutieuses précautions pour régler le pouvoir et l'action du Procureur du Roi et du Juge d'instruction ; quand il met tant de soins à limiter leur autorité pour en prévenir l'abus ; ce même Code donnerait au Préfet, par conséquent au Minis-tre, un pouvoir absolu ! Quoi ! le Préfet pourrait faire ou faire faire des visites et des arrestations même dans le cas de *simple délit* ou de *crime non flagrant*, c'est-à-dire dans tous les cas, sans plainte ni dénonciation d'un citoyen, sans audition préalable de témoins, sans réquisitions du Procureur du Roi, sans nécessité de lui faire aucune communication, sans être jamais ac-compagné par lui, sur une simple dénonciation clan-destine d'un agent obscur, tandis que l'art. 40 interdit au Procureur du Roi de faire arrêter un citoyen do-micilié sur une simple dénonciation dans un cas de fla-grant délit ! Mais à quoi seraient donc nécessaires les Juges d'instruction, les Procureurs du Roi et leurs auxiliaires ? Le Préfet et le Ministre seraient presque aussi puissants que sous l'ancien régime, presque tout-puissants et despotes !

Non, il est impossible de donner une pareille lati-tude à l'art. 10 ; le pouvoir qu'il confère au Préfet est réglé par les articles suivants, et nous regardons comme hors de doute, avec *M. Chaix-d'Est-Ange,* que le Préfet n'a le droit de faire ou faire faire des visites et des arrestations que dans le cas de *crime flagrant*, et que, dans tous les autres cas, il ne peut que transmettre aux Commissaires de police les *mandats du Juge d'instruction*, qu'il a reçus lui-même du Procureur du Roi.

LIBERTÉ PROVISOIRE SOUS CAUTION.

L'art. 114 dit que, quand il ne s'agit que d'un *délit* emportant une peine correctionnelle (un simple emprisonnement), la Chambre du Conseil *pourra* ordonner que le prévenu soit provisoirement mis en liberté, moyennant *caution solvable* de se représenter.

Le riche seul profite de cette disposition ; elle n'existe pas pour le pauvre et l'ouvrier, car il n'a ni argent ni caution ; et d'ailleurs les Juges et le Procureur du Roi sont ordinairement excessivement rigoureux contre les prévenus *politiques*.

La loi récente (du 19 avril), qui modifie quelques articles du Code, prescrit à la Chambre du Conseil d'accorder la liberté provisoire sous caution ; mais quand il s'agit de *Société secrète* ou d'*armes*, etc., elle permet aux Juges de la refuser ; et ils la refuseront souvent !

INTERROGATOIRES.

L'art. 93 veut que le Juge d'instruction interroge de suite ou dans les vingt-quatre heures le prévenu arrêté. — Mais ce premier interrogatoire n'est ordinairement que pour la forme. Le Juge peut, sous mille prétextes, et surtout sous celui qu'il a de nouveaux témoins à entendre ou de nouveaux renseignements à recueillir, prolonger indéfiniment l'instruction et la procédure, et multiplier les interrogatoires et les confrontations.

Le prévenu doit toujours parler au Juge d'instruction avec égards ; c'est son intérêt. L'innocent peut et doit se plaindre avec fermeté et dignité ; mais il doit s'étudier à ne jamais s'écarter de la modération et du respect que la loi prescrit envers le Magistrat. Il faut bien se garder de confondre la violence, le fanfaronnage et l'insulte, avec le courage. A quoi servirait un langage insultant ? Qu'y gagnerait-on ? La raison et la prudence ne doivent-elles pas servir à adoucir la persécution au lieu de l'aggraver ?

Peut-on refuser de répondre aux questions du Juge ? — Sans aucun doute. Le législateur ne peut vouloir forcer le prévenu à fournir des armes contre lui ; c'est dans son intérêt et pour qu'il puisse se justifier que la loi prescrit de l'interroger : nulle part elle ne prononce une peine pour son refus de répondre.

S'il refuse, le Juge pourra le soupçonner, même s'irriter contre lui, le retenir, même le mettre au secret : c'est à lui à juger sa position, son intérêt, et à avoir la sagacité et le courage nécessaires.

Mais, pour l'ordinaire, la conduite de l'innocent, de l'ouvrier étranger aux Sociétés secrètes, est bien simple et toute tracée : il n'a jamais besoin de mensonges et peut justifier tous ses actes, ou se borner à dire : *je me déclare innocent ; prouvez que je suis coupable !*

Néanmoins, il est toujours inutile et presque toujours dangereux de *trop causer* et même de *causer* en prison, parce que rien n'est facile comme d'abuser des aveux les plus indifférents en apparence.

Du reste, c'est au Juge d'instruction qu'il faut dénoncer tous les excès dont on peut avoir été victime soit dans la visite domiciliaire, soit dans l'arrestation, soit dans la prison.

DÉTENTION PRÉVENTIVE OU PROVISOIRE.—SECRET.

Le Code prescrit au Juge d'instruction d'accélérer le plus possible la procédure et le jugement ; mais il lui laisse une latitude de confiance telle que rien n'est plus facile que d'abuser, et rien de plus commun que l'abus, surtout contre les prisonniers politiques, que le Juge peut considérer comme ses ennemis. Que de détentions préventives de trois mois, six mois, un an, davantage, contre des innocents qui sont ensuite acquittés ou qui ne sont pas même accusés, et qui sont privés de tout, séparés de leurs familles, torturés moralement, désespérés, ruinés ! Ce sont de nouveaux *Suspects!* ce sont de nouvelles *Lettres de cachet*, c'est une honte pour la civilisation !

Puisque tout citoyen non jugé est réputé *innoce nt ;* puisque la détention préventive est un immense sacrifice imposé à un innocent, seul et faible, par une grande et puissante Société ; ce sacrifice, souvent ruineux et mortel, ne devrait être exigé que dans les cas, infiniment rares, d'absolue nécessité ; et alors, cette Société puissante devrait avoir la générosité ou plutôt la justice d'alléger autant que possible le sacrifice, en logeant, nourrissant, traitant, son fils innocent comme il l'était chez lui, dans sa famille. Le mal loger, le mal nourrir, le vexer, le persécuter, c'est une iniquité, une lâcheté, une infamie, une barbarie... Aussi, voyez les dispositions législatives !

Le Code d'instruction criminelle porte :

« Art. 604. — Les maisons d'arrêt (pour les prévenus) et de justice (pour les mis en accusation) seront entièrement distinctes des *prisons* établies pour peines (pour les condamnés).

« Art. 605. — Les Préfets veilleront à ce que ces différentes maisons soient non-seulement sûres, mais *propres* et telles que la *santé* des prisonniers ne puisse être aucunement altérée.

« Art. 611. — Le Juge d'instruction est tenu de visiter, au moins une fois par mois, les personnes retenues dans la maison d'arrêt. (Le Président de la Cour d'assises et le Préfet sont également tenus de les visiter, l'un chaque session, l'autre chaque année.)

« Art. 613. — Le Maire, le Préfet, etc., veillera à ce que la *nourriture* des prisonniers soit *suffisante* et *saine*. »

Ainsi, la loi veut que les prévenus et les accusés ne soient pas mêlés avec les *condamnés;* que les maisons de détention soient *propres* et *salubres;* et que la nourriture soit *suffisante* et *saine*. — Mais que d'abus dans la pratique ! Que de prisons dégoûtantes ! Quelle horreur que cette Conciergerie avec sa Souricière et seś cachots sous le pavé, où l'eau ruisselle le long des murs et sur les dalles! Quelle nourriture, quels lits, pour les prisonniers pauvres ! Vraiment, c'est déshonorant pour le Pouvoir, pour la Nation, pour le Siècle !.....

L'art. 615 du *Code* d'instruction criminelle ajoute :

« Le Juge d'instruction.... pourra donner *tous les ordres* qui devront être exécutés dans les maisons d'arrêt et de justice et qu'il *croira nécessaires*, soit *pour l'instruction*, soit pour le jugement. »

C'est en vertu de cet article que le Juge d'instruction met au *secret* qui il veut, comme il veut et tant qu'il veut, interdisant toute communication, tantôt avec l'avocat, tantôt avec les parents et les amis, tantôt avec les autres prisonniers. Et là encore, que d'abus, que de barbaries, solennellement dénoncés à la tribune par M. Chaix-d'Est-Ange (page 52)? Ces abus sont si nombreux et si criants que le Gouvernement vient enfin de chercher à y remédier par la loi du 19 avril dont nous avons déjà parlé.

La Commission, d'accord avec le Gouvernement, propose d'ajouter à l'article 615 la disposition suivante :

« Lorsque le Juge d'instruction croira devoir prescrire à l'égard d'un prévenu une *interdiction de communiquer*, il ne pourra le faire que par une *ordonnance* qui sera transcrite sur le registre de la prison ; cette interdiction ne pourra s'étendre au-delà de *dix jours ;* elle pourra être *renouvelée.* Il en sera rendu compte au Procureur général. »

M. Ledru-Rollin présente un amendement dont voici les termes :

« HORS LE CAS CI-DESSUS, *l'avocat pourra toujours communiquer avec le prévenu* après son interrogatoire. »

« *M. Ledru-Rollin.*— Les personnes étrangères aux formalités judiciaires croiraient que le prévenu a le droit de s'entendre avec l'avocat sur sa défense. Cependant, il n'en est pas ainsi. Souvent, au terme de la procédure, le défenseur n'a pas encore communiqué avec l'accusé. »

L'amendement de M. Ledru-Rollin est mis aux voix et adopté.

Cet article et cet amendement sont, au fond, bien peu de chose, puisque le Juge d'instruction reste toujours maître d'ordonner le secret pour dix jours, de le renouveler , et de retarder ou de multiplier les interrogatoires : cependant, la nécessité de transcrire ces ordonnances est un frein qui peut être quelquefois salutaire.

Maintenant voyons comment le Code règle la police des prisons.

« Article 614. — Si quelque prisonnier use de *menaces*, *injures* ou *violences*, soit à l'égard du gardien ou de ses préposés, soit à l'égard des autre prisonniers, il sera, sur les ordres de qui il appartiendra, resserré plus étroitement, *enfermé seul*, même mis *aux fers* en cas de fureur ou de violence grave, sans préjudice des poursuites auxquelles il pourrait avoir donné lieu. »

Ainsi, la séparation, l'isolement (ce qu'on appelle le *régime cellulaire*), est une peine qui ne peut être appliquée que dans le cas prévu par cet article, qu'une loi nouvelle pourrait ordonner pour d'autres cas, mais que le législateur lui-même ne pourrait pas, sans *effet rétroactif*, appliquer à des délits passés.

Ainsi, le prisonnier est à la discrétion du Geôlier et de ses agents. Point de menaces donc, point d'injures, point de violences ! résignation courageuse à toutes les nécessités de la position ! point de chants ni de cris défendus ! Dans le cas contraire, les violences du Geôlier et des gardiens pourraient être excessives et criminelles ; mais les imprudences qui les auraient provo. quées seraient-elles sages et raisonnables?

Mais à la résignation joignez la fermeté, la dignité ! ne souffrez, sans vous plaindre et protester, aucun abus, aucun excès !

CHOIX D'UN CONSEIL. — COMMUNICATION.

La chose la plus importante pour un accusé, c'est le choix d'un Conseil ; c'est de là que dépend souvent son salut.

Et ce n'est pas seulement un avocat de talent et d'expérience qu'il faut choisir ; c'est surtout un avocat zélé, dévoué. Et comme il n'est pas dans la nature qu'un avocat s'intéresse à ses ennemis politiques autant qu'à ses amis, c'est un avocat du même parti, un co-religionnaire, qu'il faut choisir.

Et c'est dès l'arrestation qu'il faut le choisir, en se mettant en communication avec lui et le plus tôt possible ; car c'est principalement d'un *conseil* et d'un *guide* que le prisonnier a besoin. Souvent un innocent se perd par ignorance et par inexpérience ; et ce serait en vain que la plus éloquente plaidoirie se ferait admirer en public si l'accusé s'était perdu secrètement dans l'instruction.

Par exemple, si, dans le procès Quénisset, Colombier et ses camarades avaient franchement avoué le délit évident de Société secrète, en se résignant courageusement à subir la peine correctionnelle encourue, et s'ils s'étaient bornés à nier énergiquement le complot et l'attentat, en attaquant vigoureusement Quénisset, nous sommes convaincu qu'il aurait été presque impossible de les condamner comme complices de l'attentat.

Tout homme politique, exposé à la persécution, devrait donc indiquer d'avance à sa famille et à ses amis l'avocat qu'il désirerait pour son *Conseil;* et quand un citoyen est arrêté, le premier soin de sa femme doit être d'avertir ce *Conseil* et de lui demander ses avis. Tout ce qu'il sera possible de faire, l'avocat le fera.

DÉBATS PUBLICS.

Nous avons toujours supposé un accusé innocent, réellement étranger aux Sociétés secrètes, etc.

Eh bien ! si vous êtes Communiste ; si vous partagez les principes du *Voyage en Icarie;* si vous voulez la Famille, la fraternité, la discussion ; si vous n'avez pour mobile que l'amour de vos frères et le dévoûment à l'Humanité, sans ambition d'aucun genre et sans vanité, ne craignez rien ! Ayez le courage de vos convictions ! Rendez témoignage à la Communauté, à sa morale, à sa justice, à sa vertu, à sa puissance pour faire le bonheur des hommes en amenant l'ordre et la paix dans la Société ! et si par hasard vous êtes condamné par la Justice humaine, assez aveugle quelquefois pour confondre la vérité avec l'erreur, vous aurez pour consolation l'approbation de votre conscience, l'estime de vos adversaires, la bienveillance et l'appui de vos amis...

RESTITUTION DES OBJETS SAISIS.

Les objets indûment saisis chez vous sont votre *propriété;* les abandonner, quand vous pouvez et devez en obtenir la restitution, serait une faiblesse, une lâcheté, une folie : réclamez-les ! Mais vous n'avez ni le temps ni l'expérience : donnez votre pouvoir à votre avocat, qui les réclamera en votre nom. Puisque vous renoncez aux Sociétés secrètes, vous ne manquerez pas de défenseurs.

Nous allons résumer dans un Dialogue toutes les règles précédentes.

DIALOGUE ENTRE UN OUVRIER ET LA POLICE DANS UNE VISITE DOMICILIAIRE ET UNE ARRESTATION.

L'Ouvrier. — Qui frappe à ma porte avant 4 heures ?

L'Officier de paix. — Officier de paix! au nom de la loi, ouvrez!

L'Ouvrier. — Comment, *au nom de la loi!* Vous invoquez la loi, et vous violez la loi! Commencez donc par respecter cette loi, qui n'autorise personne à entrer dans mon domicile avant 4 heures, et qui n'autorise jamais un simple Officier de paix à le faire! Je n'ouvre pas...

L'Officier. — Je vais faire ouvrir par un serrurier...

L'Ouvrier. — Je proteste et me barricade...

L'Officier. — J'enfonce...

L'Ouvrier. — Je proteste... Je vous rends responsable... Allez chercher le Commissaire, et attendez l'heure légale... J'ouvrirai quand vous serez en règle...

L'Officier. — Voici le Commissaire... Ouvrez... Il est 4 heures.

L'Ouvrier. — Avez-vous votre costume?

Le Commissaire. — Oui... Ouvrez...

L'Ouvrier. — Avez-vous un mandat?

Le Com. — Oui...

L'Ouvrier. — De qui?

Le Com. — Du Préfet...

L'Ouvrier. — Il en faut un du Juge d'instruction... Je proteste...

Le Com. —J'en ai un autre du Juge d'instruction...

L'Ouvrier. — Contre qui?

Le Com. — Contre P... M...

L'Ouvrier. — Ce n'est pas moi... Je n'ouvre pas...

Le Com. — En voici un contre L... R...

L'Ouvrier. — C'est bien moi... Pourquoi faire?

Le Com. — Pour visiter votre domicile... Ouvrez!

L'Ouvrier. — C'est le Juge d'instruction qui devrait venir le visiter lui-même... Vous n'avez pas ce droit !

Le Com. — Je l'ai... D'ailleurs, c'est l'usage.

L'Ouvrier. — Je proteste... Mais j'ouvrirai... Avez-vous *deux citoyens* pour témoins?...

Le Com. — Je n'en ai pas besoin... Ce n'est pas l'u-sage...

L'Ouvrier. — Je proteste... Cependant j'ouvre... Pardon, Monsieur le Commissaire, si je veux me mettre en règle ! Je ne vous en veux pas, car vous êtes obligé d'exécuter les ordres de vos supérieurs, et je ne crains nullement votre visite, parce que je n'ai absolument rien à me reprocher; mais votre visite va déranger ma femme et mes enfants, et m'empêcher de travailler pour gagner notre vie; et comme ce n'est pas une vi-site d'amitié et de politesse que vous me faites, ne vous offensez pas si j'invoque uniquement la loi...

Le Com. — C'est juste...

L'Ouvrier. — Comme je ne vous ai pas élu, je n'ai pas l'honneur de vous connaître .. Vous êtes bien le Commissaire... ?

Le Com. — Oui, voilà ma ceinture !

L'Ouvrier. — Votre mandat? Vous savez que la loi veut qu'il me soit *notifié, exhibé,* donné en *copie.*

Le Com. — Je l'ai oublié... Mais ce n'est pas nécessaire... Ce n'est pas l'usage... Vous devez avoir confiance...

L'Ouvrier. — Non, non... Je veux la loi... Je proteste...

Le Com. — Ah! le voilà ! Tenez, lisez !

L'Ouvrier. — Mais de quoi suis-je accusé ?

Le Com. — Le mandat ne le dit pas... Il m'ordonne seulement de visiter votre domicile...

L'Ouvrier. — Mais j'ai intérêt à ce qu'on sache dans le quartier que je suis accusé pour délit politique, et non pour vol, assassinat, etc... D'ailleurs, il faut bien savoir *quel délit* vous voulez constater pour savoir comment diriger vos recherches. Si, par exemple, vous cherchez un prisonnier évadé, vous n'avez pas besoin de chercher dans ma malle et dans le lit de ma femme.

Le Com. — Je chercherai tout et partout, pour découvrir les preuves de tous les délits quelconques...

L'Ouvrier. — Je ne crains rien... mais c'est illégal, arbitraire... Vous violez mon domicile, ma propriété ; vous me faites perdre mon temps... Je proteste...

Le Com. — Avez-vous des armes prohibées, des munitions, des instruments de fabrication ?

L'Ouvrier. — Non ; vous pouvez chercher partout.

Le Com. (à ses agents). — Cherchez tous et partout !

L'Ouvrier. — Je m'oppose ! Vous seul avez ce droit. Je vous ouvrirai toutes mes chambres et tous mes meubles l'un après l'autre, et je veux être présent à chacune de vos opérations : c'est la loi !

Un Agent. — Eh ! nous passerions la journée ici !

L'Ouvrier. — Ce n'est pas mon affaire... Vous me faites bien perdre mon temps à moi, qui ne suis pas payé pour cela et qui suis innocent, réputé innocent par la loi !... D'ailleurs, Monsieur le Commissaire, je ne connais que vous ici ; ces messieurs n'ont rien à me dire et je n'ai rien à leur dire.

Un autre Agent (à part). — Il a raison !...

Le Com. — Ouvrez cette malle !... Voyons !

L'Ouvrier. — Mais prenez donc plus de soin, s'il vous plaît ! Il n'y a aucune nécessité que vous boule-

versiez et déchiriez mes effets. Respect à ma propriété !

Le Com. — Ah ! voilà des brochures *politiques !...*
Vous avez des opinions politiques ! Vous vous occupez
de politique !...

L'Ouvrier. — Certainement ! C'est mon plaisir et
ma jouissance ! J'aime à lire et à causer avec mes camarades, pour nous instruire... Est-ce que vous aimez
mieux que j'aille m'enivrer à la barrière ? Est-ce que
ce n'est pas mon droit d'avoir des opinions et de lire ?
Pourquoi donc chargez-vous vos frères ignorantins
d'apprendre à lire à nos enfants et même à nous ?

Le Com. — Le *Journal du Peuple !* Le *Populaire !...*

L'Ouvrier. — Quoi, vous les laissez vendre et vous
me faites un crime de les acheter ! Mais est-ce un
crime, oui ou non, d'avoir des journaux ? Citez-moi
donc la loi qui le déclare un crime ! J'ai le droit de
les avoir !

Le Com. — Les ouvrages de *Cormenin*, de *Lamen-
nais !...*

L'Ouvrier. — Oui, et voilà ceux de *Thiers*, de *Gui-
zot...* Je veux tout lire, le bon et le mauvais... Soyez
tranquille : je connais le poison et le contre-poison !

Le Com. — Le *Procès de la France*, les *Lettres!*
Vous êtes un Démocrate, un Radical!..

L'Ouvrier. — Eh bien! est-ce un crime?

Le Com. — Le N° du *National* récemment *condamné!...*

L'Ouvrier. — Eh bien! quelle est la loi qui défend
de conserver, même de lire, même d'acheter pour soi
un écrit incriminé, même *condamné?* Pourquoi avez-
vous laissé circuler pendant plusieurs heures et souvent plusieurs jours un journal que vous vouliez saisir et accuser? Si le Peuple visitait un jour les biblio-
thèques de vos grands Seigneurs, en trouverait-il de
ces écrits condamnés?

Le Com. — L'*Histoire populaire de la Révolution
française* par *Cabet*, son *Voyage en Icarie*, ses *Douze
Lettres d'un Communiste à un Réformiste*, tous les
ouvrages de ce *Cabet* que nous trouvons partout!

L'Ouvrier. — Eh bien! Est-ce que je ne suis pas
libre d'acheter les écrits qui me plaisent?... Où est la
loi qui m'en fait un crime? Je ne vous empêche pas de
lire des livres d'église! Quoi, vous ne poursuivez pas
ces ouvrages, vous les laissez vendre publiquement,
et vous trouvez mauvais que nous les ayons, que nous
les lisions!...

Le Com. — Ah! vous êtes *Communiste.*

L'Ouvrier. — Oui! J'en suis heureux! Je m'en fais honneur!

Le Com. — Vous voulez l'abolition de *la Famille!*....

L'Ouvrier. — Pas du tout! C'est précisément parce que la Famille est empoisonnée par l'égoïsme actuel que nous désirons la Communauté, pour donner à la Famille toute sa pureté, toute sa perfection!... Nous voulons que tout le monde puisse se marier et avoir une Famille. Ah! Monsieur le Commissaire, quand vous connaîtrez la Communauté comme nous, vous l'aimerez comme nous...

Le Com. — Mais vous avez des *Sociétés secrètes;* vous voulez des *émeutes,* des *attentats.*

L'Ouvrier. — Pas du tout! Lisez donc *Icarie,* les *Douze Lettres,* la *Ligne droite* que voilà (en la tirant de sa poche)...

Le Com. — J'ai ordre de saisir...

L'Ouvrier. — Même les quatre volumes de l'*Histoire populaire,* qui m'ont coûté 16 francs! Mais c'est ma *propriété!*... A quoi bon les emporter? Ne suffit-il pas de les mentionner dans votre procès-verbal?

Le Com. (à un agent). — Faites un paquet de tous ces livres.

L'Agent. — Je vais les *percer* pour y passer une ficelle...

L'Ouvrier. — Je m'y oppose ! C'est ma propriété ! Vous les gâteriez !

Le Com. — Voyons ces lettres ! Qu'est-ce que c'est que ce papier cacheté ? Donnez, que je le décachette...

L'Ouvrier. — Je m'oppose ! Je proteste ! Ne lisez rien ! Mettez dans un sac ! C'est le Juge qui lira, en ma présence !

Le Com. — Allons chez moi rédiger mon procès-verbal...

L'Ouvrier. — La loi veut que vous le rédigiez ici... Je ne suis pas obligé d'aller perdre mon temps... Et puisque vous saisissez tous les écrits qui peuvent me faire suspecter, veuillez mentionner tous ces autres écrits... Veuillez aussi mentionner toutes mes protestations.

Le Com. — Signez !

L'Ouvrier. — Veuillez me le lire et rectifier, ou je ne signe pas...

Le Com. — Je vous arrête, en vertu de ce mandat d'amener, dont voici la copie pour vous.

L'Ouvrier. — Donnez-moi quelques minutes pour remettre mes affaires en ordre, et je vous suis sans crainte, et sans que vous ayez besoin de m'enchaîner. Adieu, ma chère femme! N'aie aucune inquiétude. Soyons fiers de souffrir pour nos convictions et pour la cause de la Fraternité et de la Communauté!

CABET.

Paris, 18 juin 1842.

AVIS.

Près du *Populaire*, quand il sera *hebdomadaire*, s'organisera un *Conseil judiciaire*, qui s'assemblera chaque semaine, pour donner aux ouvriers (opposés aux Sociétés secrètes) des avis dans les questions commerciales et civiles, correctionnelles et criminelles. Il pourra faire rédiger leurs plaintes, leur procurer ou leur indiquer des défenseurs, et leur faire restituer tous les écrits et effets indûment saisis chez eux.

Nota. — *Le Populaire* est fondé par des Actionnaires. — Les Actions sont de *Cent* francs et les Coupons de *Dix* francs, payables à terme. — Tous les amis de la cause populaire sont invités à prendre des *Actions* ou des Coupons.

PARIS.— Imprimerie de E.-B. DELANCHY, faub. Montmartre, 11.